Alfredo Hoffmann

Construye tu paz

Alfredo Hoffmann

Construye tu paz

Claves para recordar lo importante

JustFiction Edition

Imprint

Any brand names and product names mentioned in this book are subject to trademark, brand or patent protection and are trademarks or registered trademarks of their respective holders. The use of brand names, product names, common names, trade names, product descriptions etc. even without a particular marking in this work is in no way to be construed to mean that such names may be regarded as unrestricted in respect of trademark and brand protection legislation and could thus be used by anyone.

Cover image: www.ingimage.com

Publisher:
JustFiction! Edition
is a trademark of
Dodo Books Indian Ocean Ltd., member of the OmniScriptum S.R.L Publishing group
str. A.Russo 15, of. 61, Chisinau-2068, Republic of Moldova Europe
Printed at: see last page
ISBN: 978-620-3-57524-8

Construye tu paz

Claves para recordar lo importante

Alfredo Hoffmann

Introducción

Este minilibro tiene una única finalidad: ayudarte a recordar lo que en verdad es importante. No parece que fuera necesario, ya que se supone que, si es importante, deberíamos recordarlo, pero nuestra mente no funciona así. Todos lidiamos a diario con esa permanente batalla entre lo urgente y lo importante. Sabemos lo que es necesario para que nuestra vida sea mejor, pero muchas veces, sino siempre, nuestra mente encuentra excusas en los imprevistos cotidianos para posponer nuestras decisiones.

Es común asimismo que aparezca alguna urgencia "imprevista", precisamente cuando nos habíamos decidido a comprometernos, y "nos veamos obligados" a posponer una vez más el cambio, aunque no sin tener una excusa que nos alivie y que por supuesto esté más allá de nuestra responsabilidad. Puede incluso que en estos casos experimentemos en secreto una especie de alivio momentáneo, como quien se toma un analgésico que le permite ignorar los síntomas de una enfermedad.

La explicación a estos episodios aparentemente azarosos es simple: se trata de nuestro sistema instintivo huyendo de las incomodidades. Al igual que nuestra mascota cuando está en una situación similar, la primera reacción es la evasión. La primera respuesta de cualquier animal ante las adversidades es huir, y sólo si es acorralado echará mano de la segunda respuesta de su reducido catálogo, que es luchar.

Lo que necesitamos hacer para que nuestra vida sea mejor siempre tiene una faceta incómoda, porque nos desafía a poner en acción nuestras capacidades. Y frente a cualquier desafío, experimentaremos en alguna medida el deseo de evadirnos. Pero a la vez, cualquier meta de desarrollo personal, no importa lo humilde o ambiciosa que sea, involucrará un desafío a nuestras capacidades y un reto a expandir nuestros límites. Es necesario asumir de una vez por todas que la plenitud de la vida está en la vereda de enfrente del confort.

Cuando se trata de objetivos más elevados que la simple supervivencia, aquellos que tienen que ver con realizarnos en dimensiones de las cuales nuestro instinto no tiene el menor conocimiento, es necesario hacer funcionar otros aspectos de nuestra mente, poner bien en claro nuestras prioridades… y prepararnos para manejar ciertas resistencias.

Claro que no es cuestión de declarar una guerra a nuestra dimensión instintiva, ese maravilloso sistema multipropósito que se ha perfeccionado por miles de años en su función de preservar la vida del cuerpo. Lo que sí es necesario es ubicarlo allí donde cumple su función perfectamente, y relevarlo de los ámbitos donde no es útil.

Claro que si interpretamos esto como una contradicción, estaremos inevitablemente en conflicto, y es posible que nuestra vida se desarrolle en el marco de esa guerra entre dos facetas de nuestro ser, que luchan por el control. Entre los que comienzan un trabajo de desarrollo personal, es bastante frecuente caer en esta manera de mirar, y los resultados son por lo general desalentadores: dietas que tienen un éxito temporal, hábitos que se abandonan para retomarse con más fuerza, cambios que quedan a medias…

No tiene por qué ser así. En vez de enfrentar, podemos ser líderes de nuestras diferentes facetas, haciendo que cada una ponga de manifiesto sus capacidades en pro de las metas que deseamos.

Espero sinceramente que este puñado de sugerencias sea un aporte en el sentido de descubrir el inmenso poder transformador de nuestra mente, y también el comprender que para poder manifestarlo en su plenitud es fundamental que nuestras diferentes facetas funcionen en armonía con nuestros propósitos.

CAPITULO 1

Hábitos estratégicos

¿Existen en tu vida cosas que desde hace tiempo deseas modificar, pero por algún motivo no lo estás logrando?

Casi todos los que intentamos cambiar algún aspecto de nuestro comportamiento experimentamos internamente una especie de conflicto de fuerzas, o intereses. En algún ámbito al menos, sino en todos, podemos detectar en nosotros propensiones que se enfrentan y con frecuencia se anulan mutuamente.

Por lo general la primera solución que nos surge es hacer desaparecer todo lo que se opone. Muchas veces podemos emplear grandes cantidades de tiempo y energía en intentarlo. Pero como dice Einstein, resulta más fácil destruir un átomo que una construcción mental. Y es que nuestra mente funciona sólo en el sentido de la creación, nunca de la destrucción. Prueba a intentar "no pensar" en algo, verás que resulta imposible. Nuestras experiencias están casi completamente influenciadas por lo que pensamos, así es que si pensamos siempre en lo que no deseamos, estaremos propiciando experiencias de ese tenor. Esta es la razón de que cada vez que nos embarcamos en luchar en contra de un aspecto "negativo" de nuestra mente, con el ánimo de hacerlo desaparecer, terminemos agotados y frustrados, aunque por momentos parezca que tuvimos éxito. El trabajo más eficaz se orienta, en cambio, a asumir todos nuestros aspectos, y en lugar de verlos como malos o buenos, aprender a convivir con ellos, convirtiéndonos en un líder que sabe cómo extraer lo mejor de cada uno.

Una de las claves para este liderazgo es comprender profundamente la capacidad del sistema instintivo de *desarrollar hábitos,* es decir, esa maravillosa posibilidad que tenemos de incorporar a nuestro comportamiento una determinada respuesta a un evento por la simple repetición y práctica. Nuestro sistema instintivo terminará por incorporar a su catálogo de respuestas condicionadas cualquier actitud que repitamos con perseverancia, sin cuestionar ni juzgar, e incluso aunque en principio se oponga a otras reacciones que haya aprendido en el pasado.

La simple repetición va generando las estructuras necesarias para incorporar el comportamiento, y esto es inevitable. Este método es el usado desde hace mucho por la publicidad para generarnos necesidades que nos impulsen a consumir ¡con bastante éxito por cierto!

Una de las formas más armónicas y eficientes de convertir a nuestro sistema instintivo en un aliado de nuestras metas más elevadas es, entonces, el cultivo de hábitos que apunten a convertir en actitudes los ideales de quienes queremos ser.

Por supuesto esto no es nuevo, está presente en todas las disciplinas de desarrollo humano y espiritual. Pero hay algo fundamental menos tenido en cuenta, y es que intentar imponer hábitos con métodos autoritarios y/o represivos genera resultados contrarios a los buscados. Es más importante la estrategia para generar el hábito, que incluso el hábito en sí. Esto significa que si al intentar generar hábitos experimentamos resistencias que nos obligan a forzar algunas tendencias arraigadas, el camino de la imposición no dará buenos resultados, *la mejor opción es modificar el objetivo,* apuntando a otro hábito que no genere resistencia y que represente un paso intermedio. Este aparente pequeño detalle, ignorado en la mayoría de las disciplinas, es la causa principal de los fracasos.

Existe un interesante fenómeno llamado "el síndrome de la rana hervida", que dice que si ponemos una rana viva en una olla de agua hirviendo, ésta saltará y se escapará, pero si la colocamos en agua tibia, se quedará tranquila. Si vamos aumentando gradualmente la temperatura del agua, la rana no hará nada por escapar, e incluso parecerá sentirse cada vez más cómoda. Finalmente llegará una temperatura en que la rana estará demasiado aturdida como para reaccionar, y morirá hervida.

Esta fábula se usa con frecuencia para representar procesos de control social, y alertarnos acerca de trabajo gradual de manipulación de masas que pueden estar llevando a cabo ciertos poderes haciendo uso de los medios. Pero en este caso me interesa el enfoque desde el trabajo personal con uno mismo, orientado a nuestro desarrollo.

Nuestro sistema instintivo adoptará cualquier hábito que no le genere un rechazo intenso, sólo con que tengamos la constancia de repetirlo y darle continuidad en el tiempo. Y a medida que vamos incorporando comportamientos, podemos ir "elevando la temperatura del agua", y pasar al siguiente nivel. De esta manera, una característica de nuestro instinto, que desde un punto de vista parece estar al servicio de los poderes que nos dominan, se convierte en una herramienta valiosísima que nos ayuda en la transición hacia quien queremos ser.

La clave en este caso es seguir una estrategia de práctica y repeticiones que nos resulten medianamente confortables o al menos tolerables sin molestia, pero que apunten a la incorporación de los hábitos que nos interesan. No es difícil darse cuenta de que esto varía de persona a persona, y lo ideal es que la estrategia se ajuste lo mejor posible a las características de cada uno.

Pero en éste ámbito también podemos contar con otra propiedad de nuestro sistema instintivo, que es la capacidad de elaborar complejos procesos de respuesta, que incluyen cálculos, aproximaciones y correcciones sobre la marcha, todo de manera autónoma, sin necesitar en ningún momento la colaboración de la parte consciente de la mente, la cual sólo debe ocuparse de una sola tarea fundamental: mantenerse enfocada en un objetivo claro.

Para describir esto con un ejemplo, intenta imaginar los cálculos necesarios para que un ciclista se mantenga en equilibrio, teniendo en cuenta la fuerza centrífuga, el centro de gravedad, y todos los factores, según la cinemática y la dinámica. Descubrir todas las apreciaciones y cálculos que tiene que hacer un sistema neurológico para mantener el equilibrio andando en bicicleta puede llegar a admirarnos profundamente, y a la vez podemos darnos cuenta de que no fue necesario que aprendamos todo eso para andar. Simplemente nos pusimos un objetivo claro… e intentamos concretarlo con perseverancia y repeticiones. En algún momento, y gracias a que mantuvimos el objetivo de aprender a montar en bicicleta durante todo el proceso de aprendizaje, el cuerpo fue incorporando la habilidad de estimar la inclinación del cuerpo, la velocidad lineal, y la variación en la dirección que nos mantendría en equilibrio. ¿Qué método de cálculo usó para hacerlo? Lo ignoramos. Incluso no podríamos asegurar que esos cálculos se hagan de la misma manera en todos los ciclistas. Bien podría ser que cada sistema neurológico tenga su propia estrategia. Nada de eso importa. Nos propusimos andar y lo intentamos el suficiente número de veces, nuestro sistema de aprendizaje instintivo se ocupó del todos los detalles complejos.

A menudo olvidamos que el aprendizaje no es una función volitiva. Siempre estamos aprendiendo, incorporando información, catalogando nuestras experiencias y usando la memoria para guardar datos relevantes que nos sirvan en el futuro. Por supuesto, es posible utilizar este mecanismo de manera consciente, orientarlo hacia objetivos concretos, y aprender lo que hemos decidido aprender. Pero esos no son los únicos momentos de aprendizaje, ni mucho menos. En realidad, la gran mayoría de las cosas que hemos incorporado han sido producto de eventos que no generamos desde nuestra voluntad consciente.

El modelo de pensamiento científico nos puede haber confundido un poco, porque la ciencia es el estudio de los "cómos". Para comprender algo, la ciencia lo analiza, lo desmenuza y divide en partes aisladas y comprensibles, para dilucidar hasta el mínimo detalle posible todos los "comos" de un fenómeno. Por supuesto que esto es tremendamente útil porque nos ha servido y nos sirve para aumentar nuestra comprensión profunda de los procesos de la naturaleza, y nos habilita para interferir en ellos de maneras provechosas (¡y no tanto!). Pero a menudo nos confundimos creyendo que por saber los "comos", estamos comprendiendo los "por qué". Sabemos cómo crece una semilla, y gracias a los detalles de cómo se desarrollan los fenómenos genéticos, podemos hacer cultivos transgénicos, pero no podemos explicar "por qué" crece. Sabemos cómo se genera la experiencia de dolor físico, los fascinantes e intrincadas reacciones electro-químicas que generan dolor, y gracias a eso podemos fabricar sustancias que interfieran en el proceso y anulen la experiencia, como los analgésicos, pero no tenemos la menor idea de "por qué" sucede eso.

El creer que sabiendo los "como" podemos hallar los "por qué" es un error muy común, tan arraigado gracias al pensamiento científico, que a veces ni siquiera advertimos que caemos en él. Así, podemos leer que un reconocido científico puede aventurar la teoría de que Dios no existe porque ha logrado explicar el origen del Universo sin tener que apelar a energía desconocidas. Si el balance energético me da cero, entonces Dios no existe. Una clara prueba de haber confundido la energía con la voluntad.

Un aspecto de este error es la creencia de que sólo aprenderemos algo cuando sepamos en detalle todos los "cómo". El ejemplo de andar en bicicleta nos demuestra que no es así.

Cuando se trata de aprender una materia para dar en la facultad, parece claro que no hay diferencia entre aprender y conocer los "cómo". Saber algo a nivel intelectual, es, principalmente, saber en detalle cómo es ese algo. Pero cuando llevamos el aprendizaje a algún deporte o habilidad física, las cosas cambian radicalmente. En general, el aprendizaje de cualquier deporte pasa por sostener una directiva en la mente (una directiva de *alto* nivel, es decir claramente expresada y apuntando al resultado final), y practicar con perseverancia, dejando que la tremendamente compleja cantidad de detalles la resuelva el cuerpo.

La comprensión de estas dos características instintivas puede llevarnos a una verdadera revelación, así que vamos a expresarlas lo más concretamente posible:

1. Incorporamos a nuestro comportamiento toda reacción que practiquemos lo suficiente. Puede llevar más o menos

tiempo, y no entraremos en discusiones acerca de la excelencia o habilidad que seamos capaces de alcanzar. Lo que se puede afirmar con certeza es que cada vez que repetimos, nuestro sistema se perfecciona. ¿Y en qué sentido se perfecciona?

2. Lo hace siguiendo una *directiva concreta de alto nivel*, y encargándose de todos los detalles necesarios para que se cumpla cada vez con más eficiencia. Y hacemos aquí la importante aclaración de que muchos de esos detalles ¡no son conscientes! Lo maravilloso de esto es que de manera inconsciente se hacen cálculos, estimaciones, aproximaciones y se va desarrollando una estrategia propia de alcanzar la meta, y todo sin que nuestra parte consciente tenga que encargarse de los detalles.

Podemos observar estos principios en experiencias que todos compartimos: cuando aprendimos a caminar, de bebés, el andar en bicicleta que ya mencionamos, etc.

Esto nos abre las puertas a uno de los cambios más profundos que podemos experimentar, especialmente si tenemos experiencia en haber "luchado" para erradicar algún aspecto de nuestro ser y haber sentido la frustración de ver que nuestro "enemigo" se hacía más poderoso con cada intento de destruirlo.

Tenemos ahora la posibilidad de comprender que se trata de aprender a convertirlo en un aliado, en lugar de luchar. Cuando peleamos ¡nos estamos enfrentando a un sistema con milenios de evolución y perfeccionamiento! Resulta obvio que es mucho más eficiente y gratificante aprender a manejarlo.

Lo liberador de esta idea es que, afortunadamente, es posible provocar cambios significativos sin tener que examinar los detalles de cómo implementarlos, simplemente con sostener con perseverancia y paciencia una meta expresada claramente en alto nivel, y dejar que nuestro maravilloso sistema instintivo se encargue de las estrategias y los detalles. Contamos para ello con la maravillosa predisposición de esta parte de nuestra naturaleza, que, sin hacer juicios de ningún tipo, simplemente aprenderá y se perfeccionará en lo que le indiquemos.

A la vez, también puede ser llamativo descubrir que tal vez la solución a los cambios que hemos estado tratando de concretar esté mucho más cerca de lo que nos imaginamos, tal vez sea cuestión de sostener con perseverancia una adecuada directiva de alto nivel en la mente. Lo próximo será enfocarnos, entonces, en este simple y apasionante punto.

CAPITULO 2

¿Qué es lo importante?

Cuando se trató de aprender a caminar, no había dudas, tampoco cuando quisimos montar una bicicleta, pero si de pronto se nos solicita elaborar una directiva de alto nivel que pueda dirigir nuestro aprendizaje hacia la concreción de nuestras metas y anhelos, tal vez no nos resulte tan trivial la tarea de determinar *qué es realmente lo importante*.

Aún en los casos en que uno se sienta completamente seguro de lo que desea, si se toma consciencia cabal del potencial de lo que estamos elaborando, si comprendemos en profundidad las aptitudes y capacidades de la maravillosa maquinaria que pondremos al servicio de nuestra directiva, es inevitable experimentar la necesidad de revisar bien lo que hacemos. La mayoría de nosotros ya hemos invertido bastante energía en ilusiones.

Seguramente entonces será muy valioso, antes de lanzarnos a elaborar una meta consciente que marque la dirección predominante de nuestro crecimiento y aprendizaje, detenernos unos momentos para comprender cómo opera el mecanismo del deseo en nuestro interior. Cualquiera que haya tomado consciencia de las veces que hemos deseado con fervor algo que, luego descubrimos, era superfluo, puede comprender la importancia de esta cuestión.

Seguramente si te doy a elegir entre tu comida o postre favorito y un vaso de agua, elegirás el primero sin dudar, pero ¿qué pasaría luego de un día entero sin beber ningún líquido? La sed cambiaría radicalmente tu preferencia. Y lo que es más llamativo aún, en un estado de sed intensa *nuestra comida preferida pierde su atractivo,* y la experiencia del sabor se malogra completamente. En contrapartida, beber el agua se convierte en un placer intenso y altamente deseable.

Este sencillo ejemplo nos permite comprender uno de los principios más poderosos y relevantes de la mecánica del deseo, y es que un estado de carencia o necesidad puede cambiar completamente lo que deseamos, y por consiguiente, nuestra experiencia de satisfacción y plenitud.

El punto a considerar aquí es que nuestro sistema neurológico tiene mensajes muy parecidos, si no iguales, tanto para el vaso de agua cuando tenemos sed, como para el postre en condiciones normales. Esto es *aliviar una intensa necesidad se experimenta, a nivel sensorial, casi de la misma manera que alcanzar un estado de plenitud.*

Y puesto que nuestra experiencia de vida se apoya innegablemente en nuestro sistema sensorial, es claro que esta característica se aplica a otras situaciones más sutiles, menos concretas que la comida. Por ejemplo, ¿Qué nos atrae de nuestra profesión, de nuestra pareja, de nuestro entorno social? ¿Por qué hemos elegido rodearnos de todas esas circunstancias de vida? ¿Qué hemos elegido, y desde qué lugar?

Al parecer, cuando prima una necesidad lo importante es satisfacerla, y sólo cuando todas nuestras necesidades están cubiertas, es cuando la mente queda libre para enfocarse en lo que no necesitamos, pero nos entusiasma concretar. Tomaré una convención arbitraria de aquí en más, llamaré *deseo* a las cosas que creemos necesitar, y *anhelo* a aquello que nos motiva, pero no por necesitarlo, sino porque nos gusta, nos hace sentir plenos. No es lo que dicen las definiciones oficiales de estas palabras, de hecho, deseo y anhelo podrían considerarse sinónimos desde este punto de vista. Es simplemente una convención que adoptaremos de aquí en más para referirnos esta diferencia sutil.

Algunos ejemplos nos pueden aclarar esto:

- Una persona estudia ingeniería, se gradúa y trabaja muchos años logrando prosperidad y la concreción de sus proyectos de familia y propiedades. En su madurez se compra un saxo y comienza a estudiar música. Su deseo fue el éxito profesional, la prosperidad y la realización de su proyecto familiar, su anhelo fue la música.

- Una mujer se casa y tiene una hermosa familia. Luego de que el último de sus hijos se independiza, se capacita y se dedica al yoga. Su deseo fue realizarse como esposa y madre, su anhelo fue trabajar con su desarrollo espiritual.

No estamos haciendo una diferencia de valoración, ni necesitamos concluir que los deseos son "malos" y los anhelos "buenos". Es simplemente una convención, una diferencia funcional que nos da herramientas para conocernos mejor, para refinar la capacidad de observarnos.

La diferencia entre un deseo y un anhelo la establecemos entonces, basándonos en la sensación de carencia y de miedo. Siempre que me considero incompleto, carente de cosas fundamentales, y con miedo a no poder conseguirlas, me muevo en el ámbito del deseo, con ambición y expectativas. Y cuando me siento completo y pleno, motivado por cosas que me entusiasman pero que no necesito lograr para mejorarme, me muevo dentro del anhelo.

Como es fácil suponer, este tema influye profundamente en la determinación individual que haremos de lo "importante", ya que en un estado de carencia y temor, las cosas que cubrirían nuestras necesidades aparecerán como lo que más nos gusta, nuestra vocación, lo que más nos motiva. En tales casos, puede que nos desconcierten un poco preguntas como ¿Qué harías si no tuvieras temor alguno? O ¿En qué te gustaría trabajar si no tuvieras que preocuparte por el dinero? Puede incluso que estemos tan acostumbrados a trabajar para cubrirnos de lo que tememos, que no seamos capaces de imaginar una situación así, y supongamos que, de no tener necesidades, nos convertiríamos en seres ociosos, tirados en un sillón o en una playa, sin hacer nada creativo.

También podremos notar que cuando nos proponemos determinar cuáles de nuestros objetivos, gustos y motivaciones están influidos por miedos, pronto vemos que no se trata de una tarea fácil. Muchos de nuestros temores pueden estar arraigados hace muchos años, e incluso olvidados o negados, sin que por ello dejen de hacer sentir su influencia en nuestras actitudes, reacciones y decisiones cotidianas. Es muy común, especialmente entre los hombres, el sentir que uno "no le teme a nada". En realidad lo que nos pasa es que nos hemos dedicado tanto tiempo a ocultar nuestros miedos, que nuestra estrategia se ha depurado lo suficiente como para ocultarlos incluso de nosotros mismos. Los enterramos literalmente en el subconsciente y luego olvidamos que lo hicimos, creyendo que de esa manera anularemos su influencia. Pero no resulta: los miedos negados se transforman en reacciones viscerales, se integran a nuestro carácter hasta confundirse con nuestra identidad, se disfrazan de gustos, preferencias, inclinaciones, inhibiciones. Y cuando esto sucede, los defendemos con toda la fuerza de nuestro sistema instintivo de supervivencia. Darnos cuenta de esto puede ser una experiencia muy intensa. De pronto nos encontramos frente a la idea de no conocernos realmente. Sospechamos que, de librarnos de todos nuestros miedos, seríamos personas completamente diferentes, y en muchos casos nos entusiasma aventurarnos en ese trabajo, aunque lo veamos arduo y difícil. Esta es una de las muchas puertas de entrada a un verdadero *sadhana,* o camino espiritual.

Frente a esta compleja realidad, es muy común que nos sintamos abrumados, y no son pocos los que en esta etapa del camino deciden abandonar y volver a los objetivos convencionales que nuestra educación nos propone. Al fin y al cabo, no tiene nada de malo conservar algunos miedos si éstos no nos impiden obtener el título, armar una familia y tener una hermosa casa, un buen auto y los crecientes e inacabables etcéteras.

Sólo si logramos imaginar, o incluso experimentar aunque sea por un instante, la sensación de profunda libertad que da la ausencia real y completa de temores, puede que surja en nosotros la motivación suficiente como para aceptar el desafío. Muchas veces, se dan las circunstancias para entrar en estados especiales de nuestra mente que nos permiten acceder a este tipo de experiencias por un instante breve. Suelen suceder durante una meditación, o en talleres diseñados para este fin, y también frente a las grandes alegrías o tragedias de la vida. Por lo general, durante esos instantes la mente detiene su alocado parloteo, desaparecen los argumentos para preocuparnos por el futuro o lamentarnos por el pasado, sólo queda el ahora, nuestro verdadero ser emerge prístino, y en muchas ocasiones, incluso nuestro propósito se nos revela con claridad, y nos sentimos seguros de para qué estamos en esta experiencia de vida. Son momentos intensos e inolvidables. Abraham Maslow los denominó *experiencias pico*, y tal como se describen, bien pueden verse como períodos donde todo tipo de temor desaparece. Muchas veces esas intensas experiencias, aunque breves, permanecen en nuestro recuerdo como faros que orientan nuestro trabajo y nos motivan a seguir.

Puede pasarnos incluso que asumamos esos momentos breves como la única posibilidad, y nos dediquemos a buscarlos en todas las alternativas posibles, haciendo de la búsqueda espiritual una especie de adicción obsesiva. Nos anotamos en cuanto taller o seminario de cada nueva propuesta aparece, tratando de revivir ese estado.

¿Existe acaso un modo de hacerlo permanente? Afortunadamente esta pregunta ya ha sido respondida y no de una sola manera. Existen muchos caminos y este minilibro es tan sólo una sugerencia de tantas para quienes están dispuestos a aceptar el desafío e internarse en lo que considero la aventura más apasionante de todas.

Entonces, si sólo en ausencia completa de temores es que se revelará nuestro propósito ¿cómo saber, y recordar, qué es lo importante para nosotros?

¿Cómo organizar el trabajo de enfrentarnos con nuestros miedos? ¿Cómo proporcionarnos las experiencias adecuadas para hacer consciente lo que hemos negado? ¿Cómo enfrentar cada miedo y liberarse?

La lista de “cómos” puede ser interminable y abrumadora, y para el pensamiento lógico convencional parece ser la única salida. La buena noticia de este método es que, tal como vimos cuando examinábamos la manera en que aprendemos habilidades ¡no tenemos que ocuparnos de los “cómo”! Lo único que se necesita es elaborar una directiva clara, precisa y simple de comprender, como en su momento fue "quiero caminar" o "quiero andar en bicicleta". Eso es suficiente para poner en marcha un maravilloso sistema neurológico que se encargará de los detalles.

La propuesta de este libro es, entonces tener como prioridad en todo momento la premisa de *experimentar durante todo el tiempo posible el más profundo estado de paz que sea capaz de alcanzar.*

CAPITULO 3

Los obstáculos

Existe un llamativo efecto de negar los miedos, que normalmente pasamos por alto por no lograr relacionarlo, y es que de manera gradual e imperceptible crece en nosotros un desden hacia el concepto de paz. Veamos un poco cómo funciona esto.

Hemos adquirido miedos como producto de experiencias traumáticas de nuestra vida. Cuando pasamos por un mal momento, el recuerdo nos queda grabado en la memoria asociado a un montón de estímulos sensoriales (lo que vimos, oímos y percibimos en general mientras el trance ocurría) con la finalidad de que en el futuro nuestro sistema instintivo pueda reconocer las señales de una circunstancia similar, e intente prevenirlo impulsándonos a huir o defendernos. Este funcionamiento es muy útil en ambientes estables (estable no significa seguro, sino que las condiciones, sean cuales fueran, se mantienen en el tiempo), cuando un individuo debe aprender a defenderse de depredadores, donde escuchar u oler al enemigo que está por cazarnos es la diferencia entre sobrevivir o ser comidos. Este sistema de supervivencia sigue funcionando aún hoy en nosotros, de la misma manera que lo hacía en la prehistoria, aunque las circunstancias hayan cambiado, aunque el entorno sea mucho, mucho más rico y dinámico, y las premisas más variadas y numerosas que el escapar de un depredador. Así, desde que nacemos, cada amenaza a la integridad nos va dejando una impronta de alerta, un temor. En futuras amenazas similares, ese estado de alerta nos impulsará a evitar el mal momento, y desarrollaremos una determinada estrategia que, si nos da resultado, también quedará en la memoria asociada al temor, como un recurso que funcionó. De esta manera ante experiencias similares que se repiten, vamos adquiriendo un hábito de reaccionar de una determinada manera, y ese comportamiento pasa a formar parte de nuestro carácter, nuestra forma de ser.

Cada miedo que se instala como parte de nuestra realidad va formando un conjunto autónomo de reacciones condicionadas por el entorno, como sucede con el aprendizaje de cualquier habilidad. Decimos que es autónomo porque con sólo activarse puede controlar las reacciones sin necesidad de nuestra consciencia. El aprendizaje de cada habilidad crea en nuestra psique un paquete independiente y específico de reacciones que llamaremos *rol*. Así, tenemos un rol para cada cosa que aprendimos; conducir, montar una bicicleta, ejercer una profesión, ser padre/madre, etc.

Los roles que tienen como origen a algún temor, son aquellos que nos ponen “a la defensiva”, con reacciones que pueden ser indiferencia, timidez, desconfianza, ironía, agresión, etc. Esto puede resultarnos de utilidad para determinar cuáles de nuestros roles tuvieron en su génesis la presencia de algún miedo.

Cuando un rol se activa, por lo general toma el control de nuestras reacciones físicas, respuestas verbales, decisiones, etc. Lo que provoca que un determinado rol tome el control son eventos externos. Algunos ejemplos:

- Subirse a un vehículo del lado del volante disparará en nosotros el rol de conductor.
- Que alguien nos haga una consulta de un tema de trabajo disparará el rol de profesional.
- La voz de nuestro hijo nos colocará inmediatamente en nuestro rol de padre/madre.

Aunque en principio pueda resultar sorprendente, cada rol posee su propia personalidad, y al igual que todo ser vivo, *tiene como principal prioridad la supervivencia.* Esto significa que todos los roles que hemos creado en nuestra mente esperan, y ansían el protagonismo que les permita asegurar su supervivencia. Podemos imaginar, sin exagerar, a cada uno de nuestros roles esperando atentos que las circunstancias le permitan tener precedencia sobre los demás para tomar el control de la situación.

Como dijimos, cuando en la génesis de un rol estuvo presente el temor, se agregan características de protección, defensa (incluido el ataque), o huida. La "personalidad" de ese rol puede ser tímida, desconfiada, agresiva o distante, preparada en definitiva para una situación de ataque. Esos roles viven dentro de nosotros gracias a que hemos admitido, en algún momento traumático de nuestras vidas, que el mundo es hostil, que hay peligros y maldad "ahí afuera", y que es necesario defenderse. Y éstos roles son los que constituyen las estructuras psíquicas que sostienen el desdén hacia el concepto de paz, porque interpretan que una actitud pacífica es peligrosa. Y están en lo cierto, porque la paz es muy peligrosa ¡para su supervivencia!

Para seguir una convención común a varias filosofías de espiritualidad, vamos a llamar *ego* al conjunto de roles creados con presencia de temor. El ego sería entonces todos esos aspectos de nuestra personalidad que se formaron alrededor de la idea de que somos vulnerables, estamos separados de los demás, bajos diversas amenazas, y para proporcionarnos seguridad y bienestar muchas veces tendremos que competir.

El ego es el depositario de todas las estrategias de defensa y ataque que hemos adquirido, y es muy común que recordemos con gratitud las veces en que nos fueron útiles evitándonos algún perjuicio. En mayor o menor medida, nuestro ego tiene elementos para recordarnos lo que hizo por nosotros, y reclamar fidelidad.

La estrategia principal de supervivencia del ego, o de cualquier rol que hayamos formado, es siempre la misma: lograr la identificación. Cuando un rol logra convencernos de que somos él, que él representa nuestra identidad, supeditamos nuestra voluntad a su criterio, y nos comportamos siguiendo fielmente sus reacciones.

Cuando nos identificamos, sentimos como propias las amenazas que experimenta el rol, y lo defendemos como si se tratara de nuestra propia vida. La identificación es una fuerza muy poderosa.

Por todo esto, no es difícil imaginar que la peor pesadilla del ego es que nos propongamos experimentar paz.

La paz mental mata al ego, porque no puede sobrevivir si pierde su razón de ser, que es proteger ante la amenaza de conflicto.

Por eso el ego hará siempre todo lo posible para que perdamos la paz mental. Pero no puede decirnos "Pierde la paz" o "La paz no vale la pena". No le creeríamos.

Su estrategia es convencernos que hay cuestiones más importantes, por las que se justifica resignarla.

Estas cuestiones varían de individuo a individuo, dependiendo de sus conocimientos e instrucción. Pueden ir desde el básico "no permitas que te pasen por arriba, tienes que hacerte valer, tu dignidad es más importante que tu paz", hasta los más altruistas "es necesario hacer de este mundo algo más justo, luchemos por la igualdad y la justicia".

Al ego no le importa la cuestión, sólo que perdamos la paz.

CAPITULO 4

¿Por qué paz?

El capítulo anterior resume sucintamente el origen de algunos ribetes negativos que podamos encontrarle al objetivo de la paz. El ego presenta resistencias en forma de ideas que nos alertan sobre posibles consecuencias indeseables de alcanzar y sostener este estado. Vamos a examinar algunas de ellas:

- *Si siempre busco la paz y evito el conflicto, los demás se van a aprovechar de mí*. Falso. No es necesario perder la paz mental para expresar a los demás nuestras preferencias y lo que elegimos hacer o no hacer. De hecho, frente a una situación de conflicto en la que tenemos cosas que aclarar, un estado de paz mental es inmensamente favorable. Podemos hacer además una diferencia entre los términos conflicto y guerra. La guerra es cuando nos adentramos al conflicto habiendo perdido la paz mental, pero también es válido considerar la posibilidad de transitar el conflicto, buscando una solución justa, evidenciando firmeza en las convicciones, mientras simultáneamente se sostiene un estado de paz interior.

- *El estado de paz es ausencia de motivación.* Falso. Esta creencia puede ser consecuencia de sostener durante años un estado de estrés y preocupación, salpicado por breves islas de descanso. El vernos activos durante el estrés y el comprobar que cuando éste desaparece lo único que hacemos es dedicarnos al ocio y la inactividad, nos puede llevar a la errónea conclusión de que sólo funcionamos bajo presión. Esto no es verdad y para comprobarlo, el método ideal es recuperar o afianzar el entusiasmo, cultivando esas actividades que nos brindan placer por la actividad en sí, más allá de los resultados.

- *El estado de paz no es creativo*. También por razones similares a la anterior, podemos creer que una mente pacífica no será capaz de crear soluciones a los desafíos. Los caminos que sigue el proceso creativo son misteriosos y muy personales, pero justamente por eso esta creencia no tiene sentido. Si bien cada uno de nosotros puede encontrar mecanismos que la estimulan o la coartan, la creatividad puede aparecer en las situaciones más diversas, y no es acertado asociarla con estados determinados, por lo tanto no puede negarse la posibilidad de que en un estado de paz pueda desarrollarse plenamente.
- *Yo necesito adrenalina para funcionar y disfrutar. La paz no me la brinda.* Esta idea es completamente falsa y cualquiera que haya experimentado deportes extremos puede dar testimonio. Es estos casos, no sólo es posible que la paz mental y la adrenalina convivan, sino

que es una condición necesaria como norma básica de seguridad.

- *En este mundo hostil el pacífico pierde. Hay que estar preparado para competir porque sino los demás te quitan lo que te corresponde.* Esta idea puede estar corroborada por las experiencias personales, por lo que no es fácil cuestionar su validez. Y es que se trata de algo cierto, pero en su contexto. La idea que podemos agregar aquí es que el mundo es no sólo hostil, sino amigable, imprevisto, previsible, bello, feo, aburrido, excitante y cualquier atributo que se te ocurra. Lo que llamamos "el mundo" es una realidad que abarca todo lo que podemos experimentar, y resulta un poco infantil atribuirle una característica fragmentada. El mundo no es limitado, lo que está acotada es nuestra capacidad de percepción y enfoque. Experimentamos fragmentos de la realidad dependiendo de adonde centramos nuestra atención. Y si bien nuestra capacidad de percepción es limitada, nuestra *libertad de elección* no tiene límites. En todo momento podemos elegir hacia dónde enfocarnos, y esa parece una capacidad inherente a nuestra naturaleza, que nada ni nadie nos puede arrebatar. Hay una afirmación que se le atribuye a Einstein que dice que las personas podemos clasificarnos en dos tipos principales: los que creen en un mundo hostil y los que creemos en un mundo amigable.

- *A veces es necesario perder la paz para decidirse a actuar y resolver cuestiones difíciles.* Este razonamiento parte del modelo instintivo de actuar, en el cual sólo existen dos respuestas básicas: huir o luchar. Cualquier animal que no esté acuciado por el hambre elegirá huir de lo que considera amenaza, siempre que pueda. Luchar o defenderse es un recurso extremo que se emplea cuando no es posible huir. Si hemos actuado de acuerdo a este reducidísimo catálogo, sin tener en cuenta las opciones adicionales que nos da nuestra extraordinaria capacidad mental, lo más probable es que hayamos experimentado situaciones extremas, en las que actuar agresivamente nos permitió salir airosos, ayudándonos a formar la idea de que a veces es necesario y hasta saludable perder la paz. Pero como veremos más adelante, un estado de paz mental significa acceder a una riqueza mayor de recursos, lo que nos permite llegar a soluciones más elegantes y menos costosas (en términos emocionales), adelantándonos a los acontecimientos,

Argumentos de este tipo, o similares pueden estar incorporados a nuestra manera de pensar, por lo que es importante tener en cuenta que si nos decidimos a trabajar para construir nuestra paz mental, habrá que disolver alguna que otra creencia, y lidiar con resistencias interiores.

Para motivarnos, veamos algunos puntos a favor de la paz:

- Todas nuestras funciones cognitivas, nuestra inteligencia y nuestra capacidad se ven potenciadas cuando estamos en paz.
- Nos conectamos más profunda y armoniosamente con nuestros talentos.
- Disponemos de energía adicional, al no emplearla en suposiciones, elucubraciones, cálculos y pronósticos.
- Mejoramos la capacidad de concentración y enfoque, esenciales para el rendimiento en cualquier actividad.
- Nuestra percepción se expande, somos capaces de incorporar más información del momento presente, al disponer para ello de la energía mental que en momentos de estrés consumimos en ideas repetitivas e inútiles.
- Nuestra percepción mejorada del entorno nos permite encontrar soluciones sencillas y simples a los problemas antes de que crezcan

en complejidad, nuestro día a día se hace más armónico y fluido.

Estoy seguro de que podrías agregar algunos puntos más, fruto de tu experiencia personal. Lo cierto es que, más allá de que una parte de nuestros condicionamientos mentales pueda oponerse a esta idea, un estado de paz mental no tiene contraindicaciones.

Si estos argumentos te han resultado convincentes, te invito entonces a que pasemos a la acción.

CAPITULO 5

La acción

"La paz viene de adentro. No la busques afuera"

Buddha

Hagamos como paso previo un breve resumen que nos permita redondear la intención con la que hemos de comenzar:

- Nuestro sistema de aprendizaje es un maravilloso instrumento capaz de resolver los pormenores de cualquier aprendizaje al que deba enfrentarse, adquiriendo las habilidades mentales y físicas necesarias para responder con eficiencia creciente si le permitimos practicar. Lo único que necesita es una directiva clara, sencilla en la que mantenerse enfocado.
- Un estado de paz mental es la condición ideal para manifestar todos nuestros talentos,

concentrar la atención en nuestros objetivos esenciales, y dedicarnos exclusivamente a realizar nuestro propósito, lo que nos proporciona la experiencia de vida más plena que podamos alcanzar, y emplea al máximo nuestras capacidades en el logro de nuestros anhelos, sin distraer energía en batallas, temores o culpas.

- Podemos desarrollar los hábitos mentales y de actitud necesarios para alcanzar y sostener un estado de paz mental, y liberarnos de todo lo contraproducente que hayamos adquirido en el pasado, estableciendo un objetivo claro y simple, enunciado como ***experimentar durante todo el tiempo posible el más profundo estado de paz que sea capaz de alcanzar.*** Y luego dedicarnos a mantener el foco de atención sobre esta premisa, teniéndola presente con la misma perseverancia y entusiasmo que un bebé tiene para aprender a caminar, (¡y sin preocuparnos por los complejos detalles!) para permitir así que se ponga en marcha este sistema instintivo y desarrolle las estrategias específicas de acuerdo a nuestra situación particular.

Volvamos a imaginar cómo habrá sido el proceso de aprender a caminar para cada uno de nosotros. Seguramente fuimos desarrollando una técnica personal, ya que no recibimos ningún tipo de instrucción. Cada recurso, cada truco, cada pequeña habilidad adquirida para mantener el equilibrio y desplazarnos erguidos sobre nuestros pies fue producto de intentar con perseverancia; registrar información de cada movimiento, cada caída, cada inclinación; probar diferentes movimientos y posiciones; obtener asistencia de puntos fijos; evaluar visualmente el entorno y los obstáculos... Es obvio que no participó nuestra intelectualidad, ni nos detuvimos a analizar la teoría del caminar y sus implicancias, ni nada por el estilo. Si tuviéramos que aislar los puntos fundamentales que estuvieron presentes en el proceso de aprender a caminar en todos nosotros, no los encontraremos en la técnica ni en la teoría. Pero sí podemos asegurar que hubo:

- Enfoque en el objetivo con determinación y perseverancia.
- Ninguna evaluación de resultados ni comparación con un patrón estándar de aprendizaje.
- Ninguna duda ni temor acerca del resultado final.

Éstas son las condiciones ideales de aprendizaje de nuestro sistema instintivo: una pauta clara y precisa, perseverancia, y ninguna evaluación. ¿Qué pasaría si empleáramos este método para procurarnos paz mental?

Vamos entonces a comenzar con sostener el enunciado en nuestra mente todo el tiempo posible, como una premisa que esté presente por sobre todas las otras intenciones cotidianas. No vamos a interesarnos por cuán bien lo estamos logrando, o en cuánto tiempo deberíamos obtener resultados. Simultáneamente, tendremos presente las capacidades maravillosas de la maquinaria que estamos poniendo a funcionar con este objetivo, de manera de cultivar una fe creciente en la idea de que tarde o temprano desarrollaremos todas las habilidades necesarias. Y no olvidaremos que nuestra capacidad de elegir es más fuerte que cualquier emoción.

No es muy difícil imaginar que enfocarse en esta premisa terminará provocando cambios profundos. El primer efecto, que quizá te resulte sorprendente, será advertir con cuánta frecuencia resignamos nuestra paz para obtener otras cosas que, mecánica e inconscientemente, consideramos más valiosas. Cuestiones como que nos presten atención, tener la razón, conseguir ayuda, imponer nuestra voluntad, concretar un negocio, obtener una rebaja, y muchas similares aparecen en nuestra mente como motivos suficientes para resignar la paz. Y justificaremos esta decisión con una inmensa batería de argumentos que nos resultan muy lógicos y razonables. Sólo la consciencia y una serena determinación en alcanzar nuestra premisa nos irán aportando la claridad necesaria para discernir lo importante de estar en paz.

La gran paradoja será que cuando logremos sostener una mente pacífica, ¡todos esos objetivos menores que justificaban perderla se alcanzarán con menor esfuerzo!

Busca estar en paz, aún cuando no logres imaginar cómo eso puede ayudarte a alcanzar lo que deseas, y el resultado te sorprenderá.

Asimismo, te maravillará comprobar hasta qué punto no es necesario ocuparse de los detalles. Con sólo sostener la premisa podrás observar cómo se incorporan a tu carácter ciertas reacciones no del todo conscientes, novedosas respuestas o actitudes frente a una misma circunstancia, que te ayudan a conservar la paz.

A veces el impedimento es que no nos sentimos cómodos reaccionando de una manera en que no estamos acostumbrados. Nos desconocemos, y eso naturalmente provocará cierta sorpresa e intranquilidad. No te preocupes, lo que está pasando en realidad es que tu verdadera naturaleza está manifestándose, liberada de los miedos que la mantenían encerrada. Disfruta de redescubrirte.

No tardarás en advertir que la mayor tentación a abandonar un estado de paz es cuando sentimos que *tenemos la razón*, y que es absolutamente necesario, por el bien de todos, imponerla de alguna manera. En esos casos será valioso examinar cómo nos sentimos luego de haber impuesto nuestra voluntad, y preguntarnos con la mayor honestidad posible si estamos en paz, más allá de la satisfacción que experimenta nuestro ego.

Sostener la premisa aún después de haber actuado y tomado decisiones es un ejercicio valiosísimo, pues te aporta experiencia para darte cuenta de cuántas veces elegimos actitudes con la intención de "quedar en paz con nuestra consciencia", pero que finalmente no sirven al propósito buscado. Todos, en mayor o menor medida, hemos perdido la capacidad de distinguir el verdadero estado de paz de otros similares como satisfacción, reconocimiento o revancha. Es necesario refinar nuestra capacidad de observarnos interiormente, para poder reconocer la diferencia.

En términos generales, podremos comprobar que el juicio y/o crítica nos quita la paz, mientras que una actitud interna de absolver, o retirar los cargos, o al menos no confiar plenamente en nuestro criterio cuando condenamos, nos aporta paz y libertad de elección.

Pero lo más maravilloso será comprobar cómo una extraña inteligencia, que parece ajena a nuestra voluntad, actúa generando precisamente las circunstancias que nos enfrentan con nuestras mayores debilidades, situaciones en las que más se pone a prueba nuestra capacidad de estar en paz. Si podemos ser conscientes de este fenómeno, llegaremos a experimentar gratitud y considerar una bendición tales circunstancias que nos permiten comprobar la prácticamente ilimitada capacidad de aprendizaje de nuestro sistema instintivo.

De esta sencilla pero poderosa manera, podrás comprobar con tu experiencia que eres capaz de retornar tu voluntad, tu intención y tus anhelos al lugar donde les corresponde estar: la cúpula directiva de tu vida. Y en vez de ser esclavo de tu sistema instintivo con sus reacciones automáticas, lo puedes poner a trabajar en tu propio beneficio y crecimiento, sosteniendo con firmeza una pauta simple y clara, y dejando que él se encargue de los complejos detalles, construyendo las estructuras mentales necesarias para cumplir con tu objetivo. Construyendo los cimientos de tu paz.

Printed by Books on Demand GmbH, Norderstedt / Germany